LYRIK IM QUADRAT

Mirko Aleksander Marsollek

Drama genug

Brot & Kunst Verlag
Karlsruhe

Die Deutsche Nationalbibliothek
verzeichnet diese Publikation in der deutschen
Nationalbibliografie; detaillierte bibliografische
Daten sind im Internet über http://www.d-nb.de
abrufbar.
drama genug, mirko aleksander marsollek
Imprint: Brot&Kunst

1. Auflage Juli 2014
Herausgeberin: Sonia Lauinger
Inhalt: Mirko Aleksander Marsollek
Bilder: Constanze Zacharias www.nordbecken.de)
Lektorat: Lutz Brien

Gesetzt aus der jGaramond

Druck: booksfactory, Berlin
ISBN 978-3-942637-59-6
www.**brotundkunst**.blogspot.de

Für Donatella und Jakob

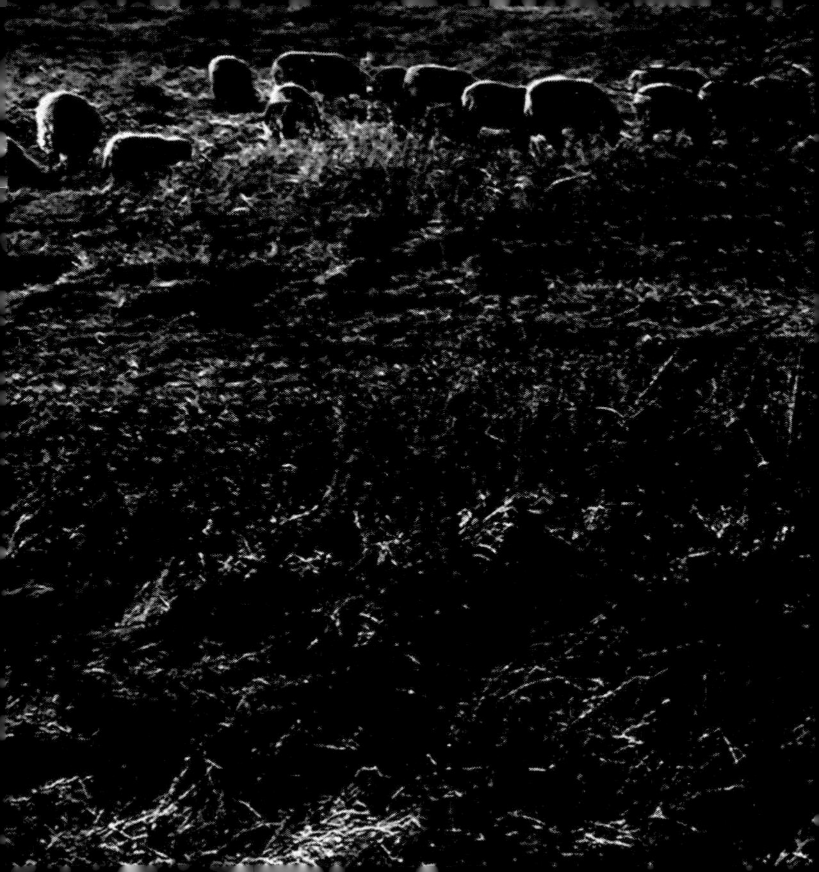

schafe

Genügsam seufzen, ihnen winken...
sie lauschen kauend meinem Lied.
Und ist ein Kleines mal am Hinken,
ich heile das verletzte Glied.

Der Himmel leuchtet nachts in Weiß,
Gedanken halten mich nicht wach.
Und riecht ein Hemd mal herb nach Schweiß,
ich wasch‘ es morgen früh im Bach.

Ab wann verstummte meine Uhr?
Der eig‘ne Rhythmus isst sich satt.
Doch Leben hängt an dünner Schnur,
ich bin auch gerne in der Stadt:

Ich rase wild durch jedes Haus.
Ein starker Rausch vom vielen Trinken.
Für immer hält das keiner aus,
es ist bald wieder Zeit fürs Winken.

ein haus, ein meer – drama

Ein Tropfen färbt die Wand,
ein Sandkorn bricht die Welle.
  Du wärmst meine kalte Hand,
  ich verzage auf der Schwelle.

Es fehlen alle Fenster,
die Flut kam nicht zur Bucht.
  Ohne Dich seh‘ ich Gespenster,
  früher war ich auf der Flucht.

Der Ofen ist aus Holz,
am Strand, da liegen Wale.
    Welchen Sinn hat noch mein Stolz?!
    Meine Seele - Deine Schale.

Ein Seufzen durch die Räume,
verliebter Wellengang.
    Du willst wissen, was ich träume?
    - Zur Dramatik hab‘ ich
   einen Hang.

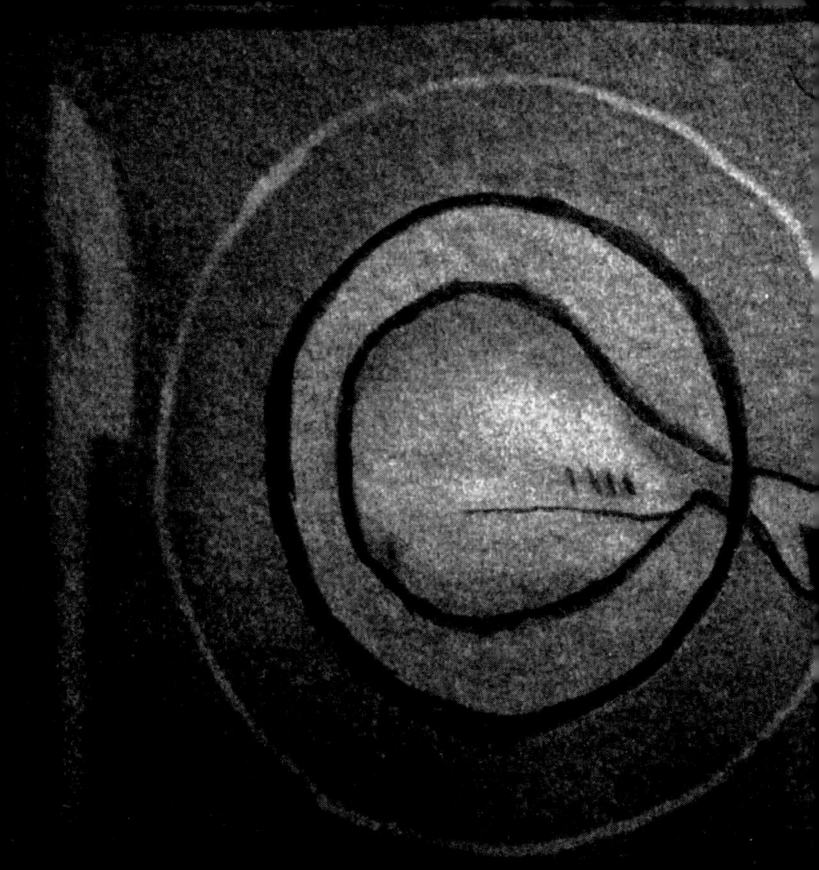

theatralik am esstisch

Mein Monolog ist verklungen.
Endlich entweichen die Schmerzen,
habe mit ihnen gerungen.
Niemand getraut sich zu scherzen,
Blicke durchbohren die Teller,
manche Erkältung vergangen -
Stille, gar bis in den Keller.
Peinlich erröten die Wangen,
fremdschämen sollen sich alle.

Besser blamieren statt schweigen!
Opfer der Märtyrer-Falle -
Pathos (fehlt nur das Verneigen)
strömt aus verkrusteten Poren.
Chancenlos - muss übertreiben!
Hätte sonst alles verloren
UND keine Verse zu schreiben...

abstand

Der Moment, in dem das Ich
das Band zur Welt zerschneidet,
kam schon früh auch über mich.
Wer Abstand niemals meidet,
bräuchte zwanghaft jemand nah -
wer würde seinem Puls sonst trauen?!
Was dem Ich zuvor geschah,
es wirkt bis zum Ergrauen.
Doch das Band wächst manchmal neu.

Die Welt ist endlos offen.
Wenn das Ich, trotz seiner Scheu,
an viel mehr glaubt, als nur ans Hoffen,
zieht sich Abstand still zurück.
Von Außen kommt die Wärme.
Auf der öden Jagd nach Glück,
verfaulten mir Gedärme.
Nur nach Innen ging der Blick,
der großen Welt die Schuld gegeben -
einsam mehrt sich jeder Tick.
Das Ich will so sehr streben
nach Verschmelzung, freiem Raum,
wo etwas wie die Liebe
sich erfüllt nach langem Traum.
Was wäre bloß, wenn sie mir bliebe...

rückwärts

Rückwärts würd‘ ich gerne laufen,
ganze sieben Tage lang.
Keine Ruhe zum Verschnaufen,
folgte einem inn‘ren Drang.
Rückwärts, ohne Sinn und Fragen,
Alltag wäre chancenlos.
Würde dabei Steine tragen,
glücklich über jeden Stoß.
„Rückwärts“ hieße: Keine Pause.

Alle hätten ihren Spaß -
nach Vollendung eine Sause!
Stolz und müde, flach im Gras,
würd' ich, ganze sieben Tage,
träumen einen schönen Traum:
Niemand stellt mich noch in Frage.
Vorwärts ginge das wohl kaum...

schinderei

Ich hing im Bett und zählte Narben,
auch wie viel‘ Frauen mich umwarben.
Rief laut die Titel meiner Werke,
- zur Übung, für die eig‘ne Stärke.
Die Lust am Schreiben ging und kam
Ich aß mit Fingern sau‘ren Rahm,
trank bäuchlings liegend laues Bier -
im Tran floß Speichel aufs Papier.

Die Wand, beklebt
mit Lyrik und Verdruss,
rief manchmal nach mir: „Mach nie Schluss!“
Dann brannten lichterloh die Daunen,
mein wundes Kreuz
betäubten diese Launen.

Die Zeit versank in ihrem Kreis,
war ganz allein, bloß Schwarz auf Weiß.
Klischees – die werden mich nicht kriegen,
so dachte ich verkrampft im Liegen.
Rieb heftig meine kalte Haut,
...dass mir vorm Sterben derart graut,
war doch die Angst im Vers gebunden.
- Für was hab‘ ich mich so geschunden?!

konsens

Lyrik im Alltag verstauen,
wochenends Episches bauen,
auch mal ein Drama erfinden -
immer so weiter und
leise verschwinden?!

Welken die Träume ab Dreißig?
Werden Verzweifelte fleißig,
lachen die Jüngeren heiser -

Selbstzweifel werden nicht
freiwillig leiser.

Brennen im Ofen die Seiten,
werden sich Fragen verbreiten:
„Hat ihn der Konsens geschlagen?
Schrieb er sich jemals um
Schädel und Kragen?"

Glaubwürdig möchte ich bleiben,
sollen doch andere schreiben!
Heute, falls Muse vorhanden,
kommen Ideen, doch
alle versanden...

teile von mir

Dass mein Charakter wohl immer so bleibt,
lässt mich oft nächtelang unruhig schlafen.
Als ein Bekannter mir passend beschreibt,
was er, als wir uns das erste Mal trafen,
über mich dachte und deutlich vernahm,
scheinen die Mühen, mein Wesen zu formen,
unterzugehen in Stille und Scham.
„Stell dich nicht zwischen Gefühle und Normen",
sagt der Bekannte und lächelt mich an:

„Zu akzeptieren hilft dir beim Entspannen.“
Wieder erstarkend versuche ich dann
weniger Teile von mir zu verbannen.

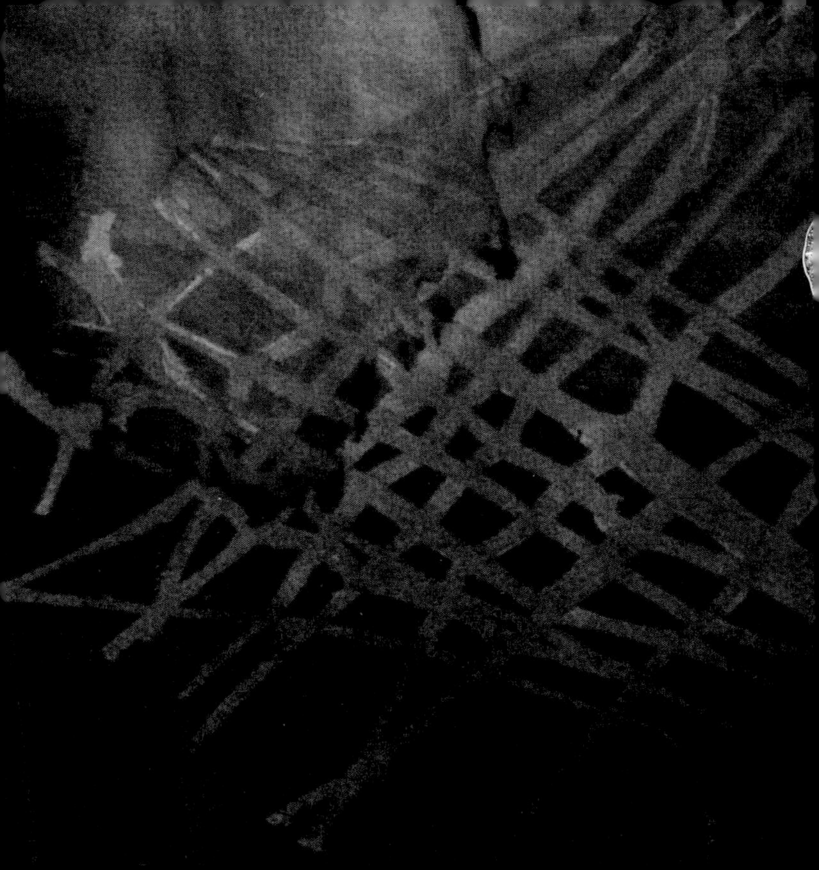

für meinen vater

Wollte früher Torwart sein,
wie mein Vater im Gehäuse
sich den Bällen nachzuschmeißen -
sein Trikot blieb niemals rein.
Nach dem Spiel, auf seinem Schoß,
lauschte ich, als Teil der Mannschaft,
den Geschichten uns'rer Kumpels.
„Wann bin ich denn endlich groß?“
fragte ich und rannte mit,

an der Seitenlinie jubelnd.
Ganz egal bei welchem Spielstand,
keiner hielt mit Vater Schritt...

Endlich dann das große Spiel:
Wir, gemeinsam auf dem Rasen!
Etwas stand gar in der Zeitung.
Die Partie lief meist stabil:
Vater warf die Bälle vor,
ich kam letztlich in die Abwehr,
nicht wie einst in Kindheitsträumen,
doch ganz nah bei ihm, am Tor.

die ermutigende geschichte
von der krähe und dem raben

Die Vogelstaaten werden nie vereint!
Gekämpft wird bitter um die kleinste Schabe.
Wie sinnlos und brutal ist dies Gehabe,
auf beiden Seiten je ein Herz, das weint.

„Bin ich verliebt in meines Volkes Feind!“
das denken sich die Krähe und der Rabe.
„Und wenn ich diese Ethik untergrabe,
die uns‘re Liebe per Gesetz verneint?!“

Das Paar verständigt sich durch Blicke leise:
„Die Grenze raubt uns nicht den Lebenshauch.
Zusammen machen wir die große Reise!“

Die beiden Vögel, frei von jedem Brauch,
erfahren Liebe nun auf ihre Weise.
Verschwunden sind sie – ihre Zweifel auch.

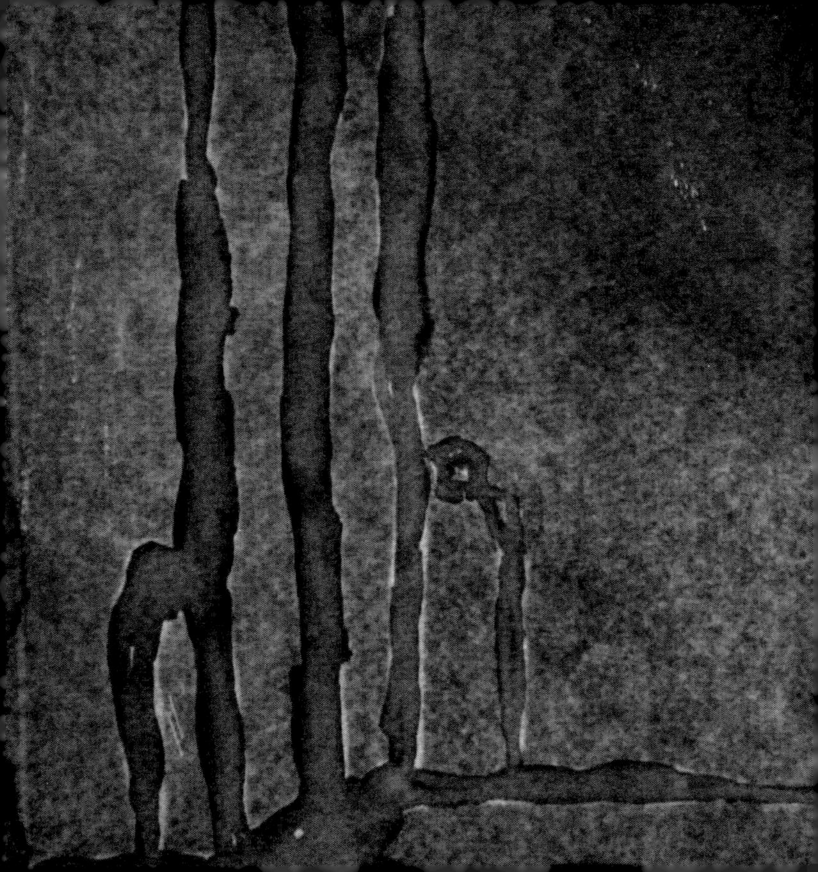

dir und mir

Zuhören möchte ich Dir -
Du sitzt mit glasigen Augen
seit ein paar Stunden bei mir.
Redest von uns und Gefühlen -
irgendwas brodelt in Dir.
Teilnehmend möchte ich wirken.
Manchmal passiert es auch mir,
dass Unterdrücktes hervorkommt.
Eigentlich wollte ich Dir

einen gemütlichen Abend...
Jetzt übertreibst Du mit mir:
Ich, distanziert und gefühllos,
hätte mein Herz nicht bei Dir?!
So kann man das doch nicht sagen,
Glück wirkt halt anders bei mir.
Ob mich bewegt, was Du sagst? - Nun,
zuhören wollte ich Dir...

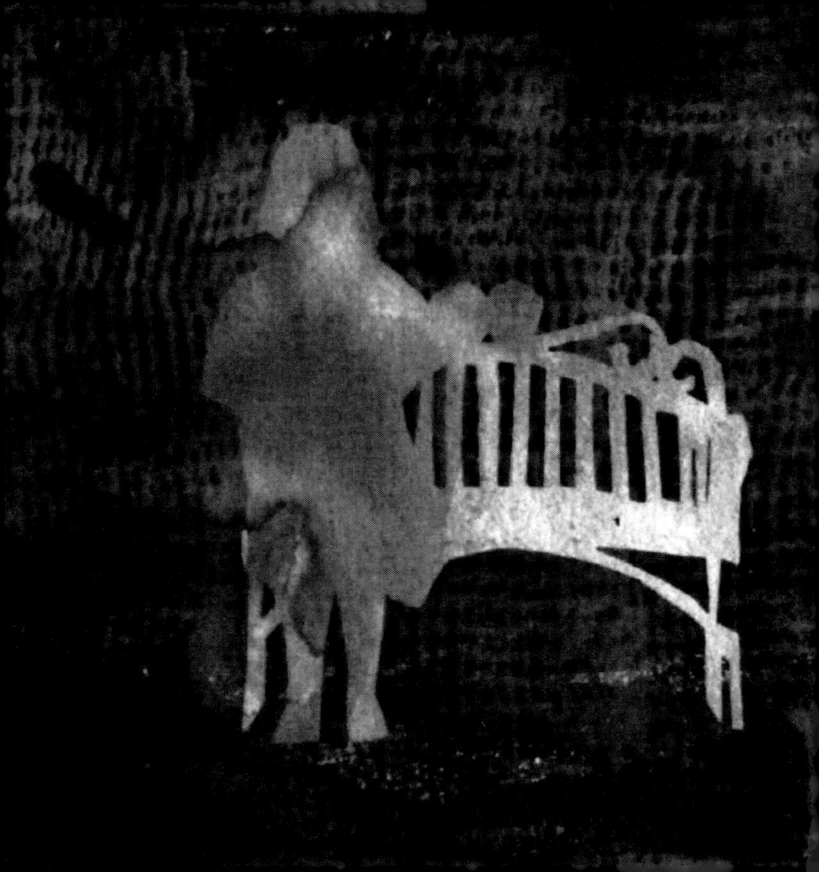

mit nasser hose

„Ich verlasse diese Stadt!“
sag‘ ich jedem ins Gesicht.
Diesen Zirkus bin ich satt -
ich belüge mich jetzt nicht.
...Träume flogen durch die Straßen,
hakte mich bei ihnen ein.
Klaute Früchte von Oasen,
hielt mich fest an glattem Stein...
Neu erfinden geht nicht mehr.

Hier erreich‘ ich keinen Stern,
jedes Rätsel mir zu schwer -
meiner Mitte bleib‘ ich fern.
...Hochmut war mir nie zu teuer.
Binden wollte ich mich nie,
spielte blind mit jedem Feuer,
zwischen Schwermut und Manie...
„Was vergangen ist, bleibt hier,
bin die Selbstverblendung satt!“
sag‘ ich laut und zittrig mir
beim Verlassen dieser Stadt.

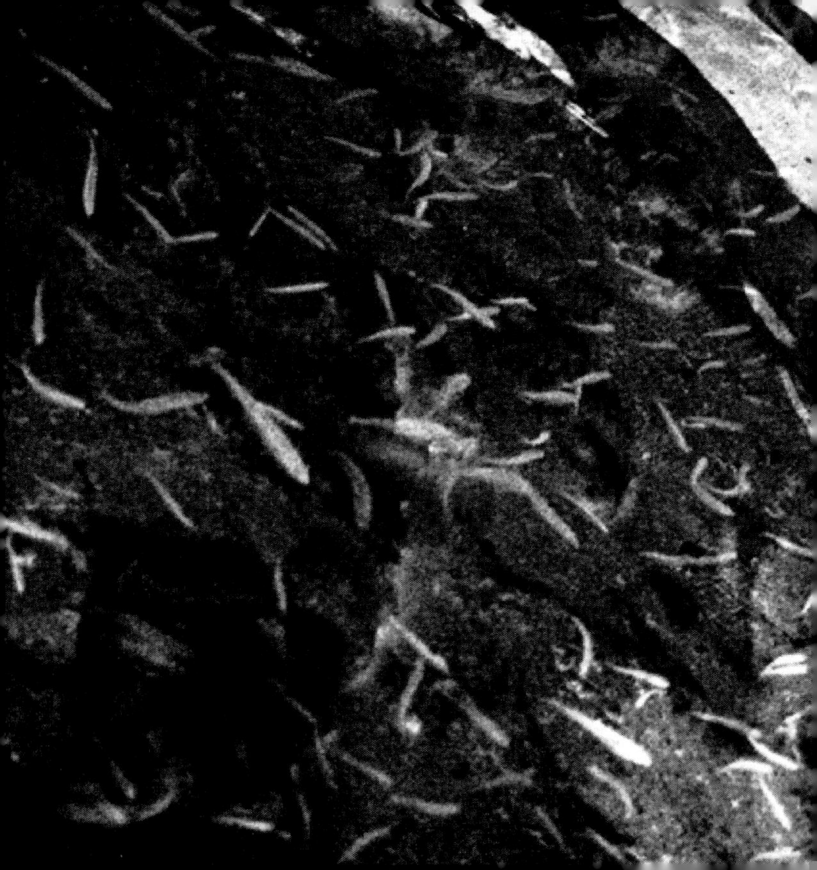

meine haut

Meine Haut verfasst Gedichte.
Lesen kann ich ihre Werke,
nur die Sprache nicht verstehen,
was sie antreibt, wie ich merke.

Rot und schuppig ihre Tinte,
sie benutzt die ganze Fläche -
hat bei all den freien Stellen
für das Brustbein eine Schwäche.

Ganze Strophen durchgestrichen,
was beschrieben ist - am Glühen.
Sie verbeißt sich wohl im Metrum,
scheut für Klarheit keine Mühen.

Wär' mir ein Gedicht verständlich,
würde ich es publizieren.
Meine Haut schreibt fleißig weiter -
ich kann sie nicht rezipieren.

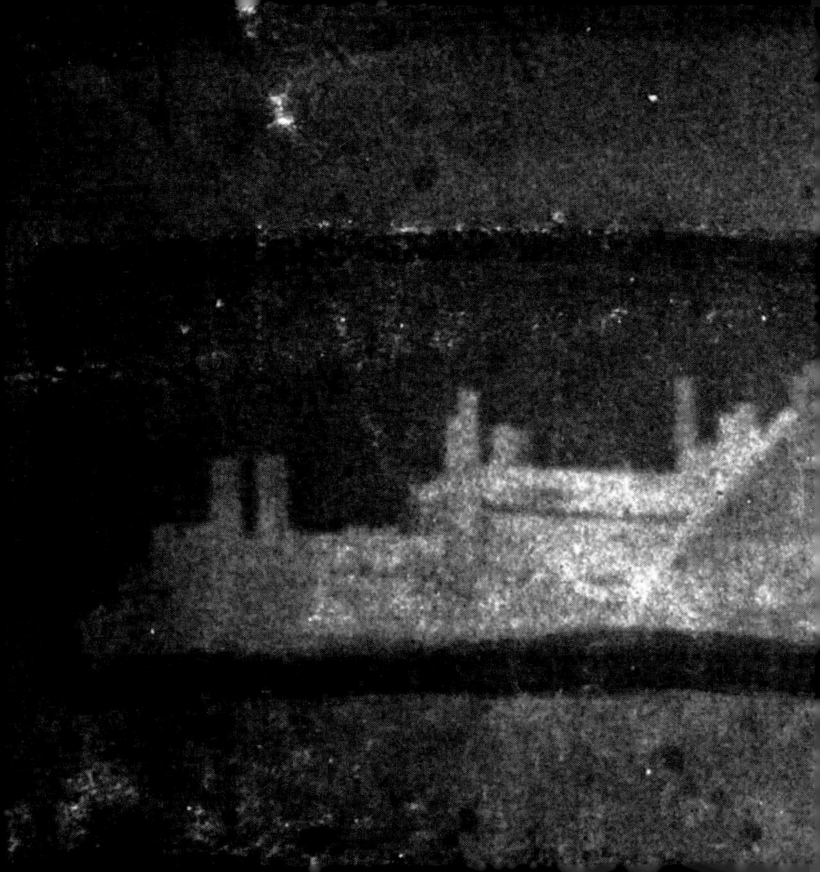

verbautes land

Eigentum zerreißt die Landschaft:
Städte, Forste, noch ein Dorf.
Wer vereinigt einen Rand schafft,
- alle Grenzen juckt der Schorf -
kettet sich und seinesgleichen
an das Rad der Angst und Pflicht.
Häuser voll nervöser Leichen,
hohe Mauern fressen Licht.

Böden darben, Bäuche blähen.
Harmonie, verdrängt von Gier,
würde nie den Mensch verschmähen.
Kann sich selbst wohl nur das Tier
als ein Teil des Ganzen sehen?
Kann sich doch nur der Verstand
um das alte Thema drehen:
Sich verlieren in
wildem, freien Land.

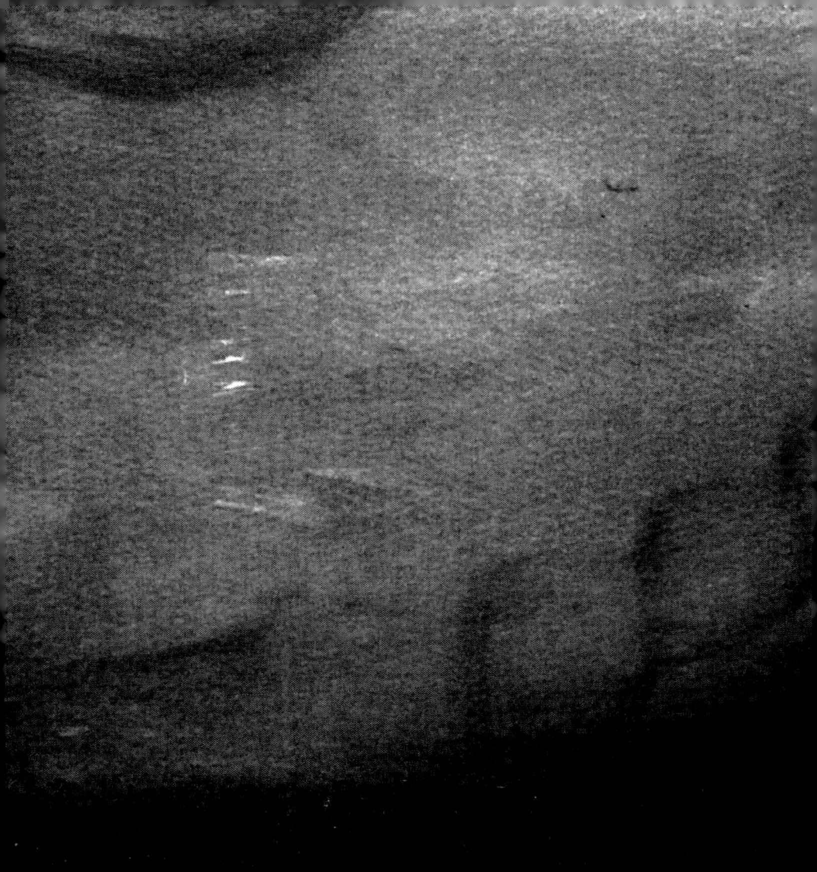

endlosschleife

...wie ein berüchtigter, dorniger Strauch,
schön und erdrückend, um jenes Geschehen,
das der Musik doch belebenden Hauch
eingeflößt hätte? - Kein Mensch kanns verstehen.
ein Augenzeuge über die Tragödie:
Kreisförmig Schlagzeug und Bass und Klavier.
Drei von den Typen, die Image nicht brauchen,
schaffen es ohne verblendende Zier
prüfende Blicke zu schmelzen. Es rauchen

Kette die hinteren Reihen, verkrampft.
Vorne vermischen sich Speichel und Tränen,
jeder Versuch des Begreifens verdampft.
Diese Musik widersteht wohl den Zähnen,
welche stets mahlen, bis Neues verblasst.
Eigentlich will man Gewohntes erleben:
So lange reden, bis ein Genre passt!
Hochspannung bringt das Gemäuer zum Beben,
jemand ruft: „Das ist doch Underground, nicht?!"
Bühne und Träger, ganz plötzlich am Wanken,
brechen zusammen mit vollem Gewicht!
Werden sich Mythen denn weitherhin ranken...

Zuletzt in dieser Reihe erschienen:

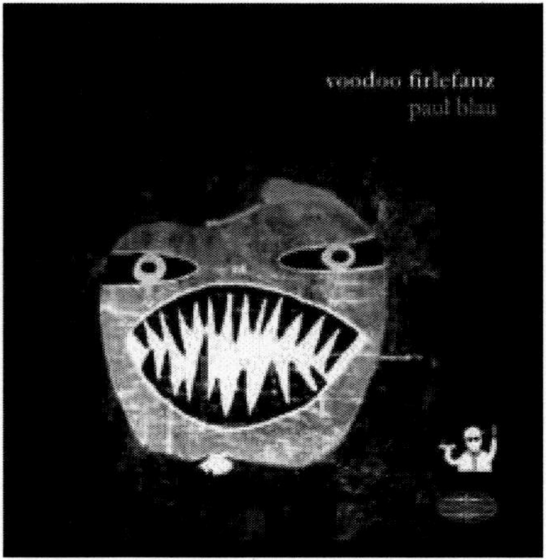

#4 **paul blau** „voodoo firlefanz“.
Achtzehn Texte mit Schwarzweißfotografien des Autors. 108 Seiten, ISBN: 978-3-942637-54-1.

ist die neue Veröffentlichungsreihe von Brot&Kunst und Der Kleine Buch Verlag, ist zeitgenössische Dichtkost, Grenzen überschreitend, Generationen übergreifend, die Lebenskunst quadrierend. Jedes der Bücher misst einhundertundfünfzehn auf einhundertundfünfzehn Millimeter und ist damit Taschengrößenerprobt, wie auch auf das Wesentlichste reduziert. Auf fünfzig bis einhundert Seiten enthält Lyrik im Quadrat stets Texte in Kombination mit Bildmaterial, das von Fotografien über Typografiken bis hin zu Gemälden reicht.